그리움이 멈추면 섬이 된다

Copyright ⓒ2023 황보창환

그리움이 멈추면 섬이 된다

황보창환 외 지음

머리말

"코딩에 피가 흐르게 하라"

우리 회사 컨피테크는 대부분의 IT 회사가 그렇듯이 직원들 대다수가 '공대 출신'이다. 특히 소프트웨어 개발자들은 거의 혼자서 노트북과 씨름한다. 대화도 별로 없다. 엉덩이로 일을 한다고 해도 과언이 아니다.

몇 년 전, 이들 프로그램을 짜고 코딩을 하는 직원들에게 개인 화분을 하나씩 사 주었다. "물 주지 않아 죽이면 너도 같이 죽이겠다"고 협박 아닌 협박을 하면서. 비록 식물이지만 화분에 물을 주면서 한 생명을 정성 들여 키우는 동안 감성 개발자로 변해 가기를 바라는 마음을 담았다.

거기에 더해 사내 독서토론을 통해 시집(詩集)을 돌려가며 읽기 시작했다. 시는 길이가 짧은 만큼 직원들이 바쁜 시간을 쪼개어 다가가기에 그다지 어렵지 않을 거라는 생각에서였다. 한 발 나아가 회사 워크숍에서 백일장을 시작했다. 일상과 시를 연결해 삶 속에서 시를 발견하고, 인문학이 내포하고 있는 깊은 의미를 알아가기를 바라는 마음이 컸다.

영화 〈죽은 시인의 사회〉에서 '의학, 법률, 경제, 기술 따위는 삶을 유지하는데 필요한 것이지만 시(詩)와 미, 낭만, 사랑은 삶의 목적'이라고 키팅 선생님은 말한다. 시는 머리로 이해하기보다는 마음으로 느끼고 깨달아야 한다. 사실 이공계 교육을 받은 사람들은 정답을 하나로 내려는 경향이 있는데, 직원들이 단순히 '맞다, 틀리다'가 아니라 '다르다'를 포용할 수 있는 유연함으로 업무에 임하기를 기대한다.

첫 백일장 때를 기억하면 작품이라 하기에는 민망할 정도로, 거의 초등학교 수준이었다. 삼행시와 장난기 가득한 글들이 대부분이었다. 직원들의 작품을 읽다가 혼자 실망하며 좌절감에 빠져들곤 했다. 그래도 사색에 잠겨 하늘도 쳐다봤다가 끙끙대며 혼자서 시를 쓰고 있는 직원들 모습이 떠오르면서 슬며시 웃음이 묻어나오기도 했다.

회사가 워크숍으로 가장 많이 간 곳이 섬이다. 그래서 섬이 시제로 많이 발표되었다. 지금은 모바일로 시를 접수하지만, 예전에는 오후가 되면 워크숍 일정이 끝나고 시제 발표와 함께 직원 모두가 한 시간 정도 시를 쓸 시간을 가졌다. 우리끼리지만 그래도 장원을 선정해 시상을 꾸준히 했다.

백일장은 워크숍 때마다 해를 거듭하면서 이어졌고, 작품 수준이 나아지는 한편으론 직원 모두가 고민하고 애를 써서 쓴 시가 너무 쉽게 사라지는 것만 같아 아쉬운 마음이 들었다. 좀 더 긴 반향(反響)을 이어갈 방법이 없을까 고민하던 끝에 시화전을 생각했다.

직원 모두가 직접 심사에 참여하는 방식을 도입함으로써 다른 사람의 시를 좀 더 심도 있게 감상할 수 있는 기회가 되었다. 각자 3장의 스티커로 좋은 작품에 부착한 후 그 결과로 장원을 선정하는 방식이다. 그걸 회사 내부의 회의실(수다방)에 전시함으로써 방문하는 손님들에게도 시를 감상할 수 있는 기회를 제공하는 등 일석이조(一石二鳥)의 효과를 냈다.

그렇게 시작한 사내 백일장이 20년이 되었다. 어쩌면 지금껏 직원들과 시를 매개로 소통해왔는지도 모르겠다. 직원들이 드러내놓고 불평하지는 않지만 그래도 "컨피테크는 일하는 것보다 시를 쓰는 작업이 더 힘들다"는 우스갯말이 있을 정도이지만, 그럼에도 '꽃에 물을 주는 개발자'들의 시를 향한 여정은 멈추지 않을 것이다.

㈜컨피테크는 차세대 자율주행 자동차의 기본이 되는 커넥티드카 서비스 및 무선인터넷 솔루션과 에듀테크의 기반이 되는 e러닝 솔루션을 제공하는 기술혁신기업이다.

이에 더해 미래성장동력을 확보하기 위해서 차량용 빅데이터 분석 솔루션, AI를 이용한 화자인식 솔루션, 초안전 OTA 서비스 등 지속적인 R&D로 회사의 영역을 확장하고 있는 기술기반 IT 융합기업이다.

  어제보다 행복한 오늘, 꿈이 확장되고 행복을 공유하는 세상을 위하여 '컨피테칸'들의 유쾌한 놀이는 계속되고 있다. 우리의 지난 삶을 압축하고 요약하고 담아낸 그동안의 작품들을 모아 창립 20주년을 기해 시집으로 묶는다. 시인처럼 노래하며 멋있게 살아가는 '컨피테칸'이 되길 기대한다.

황보창환

차례

004　머리말

제1부　섬은 여러 희망이 담긴 풍부한 단어다

014　섬　강요셉
015　섬　김덕중
016　섬　김정화
017　섬　박영관
018　섬　박영덕
019　섬　박용국
020　섬　신승훈
021　섬　오정욱
022　섬　이동욱
023　섬　이지연
024　섬　이찬희
025　섬　이훈
026　섬　정윤호
027　섬　정은영
028　섬　최기식
029　섬　황보창환
030　사람, 섬 그리고 자연　김명년
031　소무의도　김정원
032　무의도　이왕주
033　무의도　황보창환
034　비 맞았섬　신원철
035　그 섬　오미령
037　섬에서　오정욱
038　섬마을　위인선
039　섬, 그리움　윤석언
040　설렘　이왕주
041　중도　이정호
042　비 오는 중도에서　박성호
043　작은 섬　이제호
044　점 하나　장진복
045　섬의 노래　정상준
046　나의 섬　정윤호

047 　아름다운 섬   최기식
048 　그리움이 멈추면 섬이 된다
　　　　　　　　　황보창환
049 　가을 바다   윤석언
050 　가을 섬 여행   이왕주
051 　굴업도의 가을   김덕형
052 　가을이 오네   최순탁
053 　가을 중간자락   이왕주
054 　어느 가을날   허재원
055 　가을의 풍요로움   김정원
056 　가을비   윤석언
057 　가을비   최기식
058 　가을이 간다   오정욱
059 　가을의 끝자락   이제호

060 　낙엽   강현욱
061 　낙엽   신승훈
062 　낙엽   정순철
063 　낙엽   최기식
064 　불혹(不惑)의 가을   최병은
066 　가을산   김정원
067 　등산   김명년
068 　가을 산행   윤석언
069 　산행 느낌   오충환
070 　국사봉   김민호
071 　국사봉   이지연
072 　위험! 기대지 마세요   모성완
073 　두릉산 정복기   오정욱
074 　마니산   윤영숙

제2부　아련한 사랑에 흔들려 여름은 시작된다

076 　하늘   김정원
077 　하늘   신승훈
078 　하늘   양정수

079 　하늘   정유현
080 　하늘   황지성
081 　맑은 하늘   김정연

082 너의 하늘 박병준
084 청명한 하늘 신승훈
085 푸른 하늘의 그리움 유승범
086 여름의 하늘과 사랑의 시
      정상명
087 네가 바라보는 하늘 최기식
088 Cloud 서버 김정원
089 하늘 구름 이제호
090 구름 김민지
091 구름 이제호
092 구름처럼 이왕주
093 먹구름 최기식
094 꿈 최순탁
095 그리움이 별 되어 김대근
096 또다시 불어오는 바람 정예은

097 바람의 노래 김정원
098 바람 김덕형
099 바람 신승훈
100 바람 정윤호
101 상념 위인선
102 가을바람 이제호
103 겨울바람 김정연
104 겨울바람 최순탁
105 블라디보스토크 문윤기
106 차가운 블라디보스토크 바람
      이왕주
107 시대가 영웅을 만든다고
      정순철
108 동토의 바람 최기식
109 나그네 황보창환

제3부 하늘은 우리를 매일 바라보고 있다

112 나 김정연
113 흉터 남현순
115 자화상 신승훈
116 자화상 위인선
117 자화상 이왕주

118 자화상 이제호
119 자화상 최기식
120 삶 허두리
121 동행 김정연
122 나와 너 사이 김정원

123	時 정윤호	140	한 사람 정유현
124	間 정상명	141	아버지 황지성
125	시간 신승훈	142	누굴 닮았나 김정원
126	찰나의 순간 최병은	143	육아 유지원
127	그 사이 황보창환	144	행복 신승훈
128	여유와 세상 사이 황지성	145	이름 없는 계절 김정연
129	우리 가족이란 이정표 김정원	146	열정 김정화
130	행로(行路) 박창진	147	너와 나 신승훈
131	차선 변경 신승훈	148	다 가겼네 정자영
132	길 유지원	149	첫사랑 정유현
133	오르막길 이왕주	150	사랑 이효성
134	갈림길 이제호	151	초콜릿 서예건
135	출근길 지하철 정유현	152	나무 위인선
136	돌아가는 길 정윤호	154	나무의 미소 주아람
137	불혹(不惑) 이제호	156	이상(理想) 운 최병은
138	세월 정유현	157	지혜 홍서진
139	오늘 전종욱		

제1부

·

섬은 여러 희망이 담긴 풍부한 단어다

섬

강요셉

푸르른 색과 초록색이
교차하는 곳

복잡한 일상에서 벗어나
잠시 쉼을 얻는 곳

물고기들과 새들을
만날 수 있는 곳

걸어서 올 수 없는
배를 타야 올 수 있는 곳

그곳은 섬!

이곳에서 삶의 안식과
여유를 가져보자

섬

김덕중

섬
그곳에 가고 싶다
가기 전 설레임과 도착해서의 낯설음
모르는 누군가를 만나기 전
그 느낌이 날 들뜨게 한다

섬
그곳은 나에게 살아 있음을 느끼게 하는 또 다른 나의
연인
가끔은 동경과 그리움이 공존하는 곳

섬
그곳에 나는 가고 싶다
그 설레임이 있는 곳으로

섬

김정화

소리 없이 구름이 건너갑니다
살며시 치맛자락을 건드리고
바람이 지나갑니다

슬그머니 나무 그림자가 도망갑니다
하염없이 지평선을 바라봅니다
배 한 척 다가오면 그리움이 찾아올까

섬

박영관

언제나 너를 바라본다
기분 좋은 마음
기분 나쁜 마음
모든 것을 품는 섬
언제나 너를 바라본다
모든 것을 지키듯
모든 것을 품는
한결같은 섬
오늘 너를 바라본다

섬

박영덕

물결 속에 한가로이 자리 잡은
그대는 누구인가

행복해 보이지만 외로움 가득한
그대는 누구인가

많은 추억을 간직한 그대 이름
크게 불러본다

섬

박용국

비가 오고 눈이 오고
바람이 불어도
항상 그 자리에 그 모습 그대로
맞이해주는 너는 어머니 품 같구나
세상 어지러움과 풍파에 모든 걸 내려놓고
너를 보러 가고 싶구나

섬

신승훈

갈매기에게 던져주는 새우깡
파도와의 술래잡기
해질 무렵 붉은빛 따스함
남자친구가 기다리는 마지막 출항시간
섬만이 가져다주는 행복한 순간

섬

오정욱

누가 바다에 왜 가느냐고 묻거든
그곳에 섬이 있어서 간다고 하지요
섬은 물이 있고
배가 있고
낭만이 넘친다
누가 어디서 살겠냐고 묻거든
이미 섬에 갔다고 전해주오

섬

이동욱

그 섬에 가고 싶다
산들거리는 강바람을 맞으며
지저귀는 새들의 노랫소리를 들으며
그 섬에 가고 싶다

반짝이는 별들이 보이는
동그란 보름달이 보이는
그 섬에 가고 싶다

귀뚜라미 울음소리 들을 수 있는
아이들의 웃음소리 들을 수 있는
그 섬에 가고 싶다

어깨의 짐을 내려놓을 수 있는
아무런 생각 하지 않을 수 있는
그 섬에 가고 싶다

그 섬에 가고 싶다

섬

이지연

도시와 떨어진 또 다른 장소
지쳐 있는 일상에서 벗어나고 싶을 때
언제나 아무 말 없이 받아주는 곳
바다 한가운데 따로 떨어져
외로워 보이지만
우리가 필요할 때 찾으면
변함없는 파도 손짓 바람 미소

섬

이찬희

섬의 외로움을 한 번이라도 생각해본 적이 있나
항상 그곳에 있는 그 섬
그도 외로움이 있다는 걸 알지 못했을까
바다 한가운데 묵묵히 서 있는
그것은 분명 고독이다
고백이다

섬

이훈

당신은 섬을 어떻게 기억하는가
당신은 섬을 어떻게 바라보는가

각자의 목적을 안고 찾아드는 섬
누군가는 옛 추억을 기억하기 위해
누군가는 옛 기억을 지우기 위해
누군가는 새로운 희망을 꿈꾸기 위해 온다

섬에는 추억도 희망도
꿈꾸는 대로 다 있다

섬

정윤호

아무도 찾지 않는 외로운 섬
고요한 적막 속에
먼 길 떠나는 갈매기 찾아와
잠시 쉬었다 가는 그곳
찾는 이 많이 없지만
오늘도 섬은 손님을 기다리네

섬

정은영

섬에는 많은 생명체가 살아 숨 쉰다
섬에 있는 지금 이 순간
나도 섬의 일부가 되어 숨 쉬고 있다

많은 사람들 속에서 즐거움과 행복감을 느끼며
섬의 일부가 되고 있다

나를 반겨 주지는 않지만
내가 오는 길을 막지도 않는 섬

이 조용하고 묵묵한 섬에서
오늘도 나는 섬의 일부가 되어 간다

섬

최기식

난 외롭지 않아
혼자이기에 찾아주는 이 많고
혼자이기에 자유로우니
섬이라네

섬

황보창환

길 없는 바다에
버려진 것인가

낡은 호흡은
바람되고 파도되어

뭍으로 향하고
밑으로 파고드는

섬,
너는 떼어놓은
나의 심장

사람, 섬 그리고 자연   김명년

흐르는 강물을 따라 갇혀 버린 외로운 섬 하나
인간의 손에 갇혀 버린 섬 하나는 행복하다 즐겁다 슬프다

땀방울에 비치는 하얀 공 하나에
우리네들은 웃음과 슬픔과 통곡이 함께 하는구나

빗물과 바람결에 흔들리는 나뭇가지처럼
어머니의 모습을 힘차게 외쳐본다

소무의도

김정원

바다만 보이는 그곳 섬
구속인가 자유인가
누구에겐 구속인 섬
일탈이 필요한 나에게
섬, 너는 자유!

무의도

이왕주

두 번째 찾은 무의도
설레는 내 마음과 함께
반겨주는 선착장과 갈매기

트래킹 코스를 따라 올라가는 산의 정상
아름다운 섬의 전경 속에서
잠시나마 삶의 여유를 찾는다

세월은 흘러 내 모습은 변했지만
변하지 않는 섬 무의도
다시 오는 날을 그리며…

무의도

황보창환

바다를 건너
배를 타고 왔건만
지금 앉은 자리는 산꼭대기

산등을 기어
기어오르고 왔건만
바다 한가운데 내려져 있다
무의하다

산이냐
바다냐
네 뜻 없음을
바람이 알려 준다

내 너를 사랑함은
뜻 없지 아니하니
산꼭대기 주저앉아
바닷물에 발 담그리

비 맞았섬

신원철

섬에 간다 들썩들썩
비가온다 주룩주룩
비를맞다 추적추적
공을찬다 북적북적
기본좋다 랄랄랄라
담에또와 컨피테크

그 섬

오미령

초록 잎사귀
아카시아 꽃길
적당히 흐르는 땀방울
저 멀리 보이는 푸른 바다

아름다운 그 섬
친절한 그 섬
그 섬에 가고 싶다

눈앞에 보인다
낯설게만 느껴진다

외로워 보인다
나를 기다리고 있다

발길이 닿는다
나를 반기고 있다

따스함

너의 포근함에 더하다

섬에서

오정욱

섬처럼 살자

그 섬처럼 살자

하루를 영원처럼

촌각을 마주하는 영원같이

그렇게 섬처럼 살자

마주하는 모든 인연을 뒤로 하고

억만 번 영원할 듯 모든 세월을 흘려보내고

그렇게 섬처럼 살자

섬마을

위인선

외로운 섬마을
임이 오기를 기다린다

부웅부웅
뱃고동소리에
임이 돌아왔을까

나를 반겨주는 건
갈매기뿐이구나

언젠가 돌아오겠지
언젠가 돌아오겠지

섬, 그리움

윤석언

섬마을 돌아가는
둘레길 들목에서
땀 떨어지는 날목까지
섬마을 아이 보이지 않고
작은 섬 품은 큰 섬마저
섬 아닌 섬이 되어
옛 향기 사그라지는 시간
멀고 먼 그 시간
함께 뛰던 그 아이 뒷모습만
두 눈에 그려 본다

설렘

이왕주

섬은 여러 희망이 담긴 풍부한 단어다
섬은 자유와 자연이다
섬은 떠나고 싶은 충동의 공간이다
복잡한 도시에서 신비하고 설렘을 주는 공간
푸른 물결과 갈매기와 어부들은
언제나 쉽게 유혹되는 자연의 쉼터

중도

이정호

멀리 떨어져 있지 않지만
고독하다
귀를 스치는 바람
중도에 머물고
나는 지금 그곳에 와 있다

비 오는 중도에서

박성호

플라타너스, 바람에 흔들리다
한줄기 빗줄기에 오월의 잎이 고개를 떨군다

까마귀 깍깍거리다
봄바람에 잠시 먼 하늘로 날아가 버린다

비 오는 중도의
플라타너스 한 잎
바람을 싣고 어디로 가느냐

너의 섬 조용한 호수 속에
홀로 떠 있는 섬이여
바람 싣고 어디로 날아가고 싶더냐

작은 섬

이제호

여행길 어느 곳에 가든
볼 수 있는 작은 섬
가고 싶지만 쉽게 갈 수 없는 섬
그 섬에 가보면
후회스런 자유를 느끼게 된다
작을지는 몰라도
그곳은 또 다른 세상

점 하나

장진복

온통 파란 물감으로 채워진 도화지에
자그마한 점 하나
어느 바다의 섬 하나
외롭게 홀로 나는 갈매기 한 마리
생선을 말리는 늙은 노인
세상의 모든 것을 낚는 젊은 낚시꾼
그곳에 지금 내가 있다

섬의 노래

정상준

그리움이 깊어
저리 푸를까

애절함이 깊어
저리 검을까

저 깊은 바다의 사랑을 아는
가녀린 섬

내 아버지를 기억이나 할까
섬은

한 방울 한 방울
그리움이 출렁인다

가슴으로 저려오는
숨 가쁜 섬의 파도소리

나의 섬

정윤호

끼룩끼룩 갈매기 소리 고향의 소리
비릿한 바다 내음 고향의 향기
살갗을 스치는 바닷바람 고향의 바람
온몸으로 느껴지는 나의 고향 나의 섬

아름다운 섬

최기식

나는 섬

바다 위의 별
비록 빛나지는 않지만
찾아주는 이 있어 빛이 난다
파도에 날 다듬고
새들이 물어다 준
꽃씨로 치장한다

누가 날 외롭다 하는가
이렇게 찾아주는 이 있어
더욱 아름다운 것을

그리움이 멈추면 섬이 된다 　황보창환

그림자
땅에 끌리는 소리
수평선에 걸려
노을로 서 있다

바람이 불면
바다의 비늘은
파도가 되고

영원히 오지 않을
그리움이 멈추면
섬이 된다

가을 바다

윤석언

낯선 곳에 올라 바람을 가르며
머얼리 부드럽게 느껴지는 이름 모를 해안에는
푸른 물에 부딪혀 다시금 떠오르는
눈부신 서해의 햇살이
내 뺨을 스치는 가을 바닷바람이로구나
하늘과 바람이 어디서 시작되는지
내 눈이 부셔 혼란스럽기만 하구나
나도 하늘 맞닿은 바다에 다가가
이 느낌 그대로 시원함을 전해주고 오리라

가을 섬 여행

이왕주

비바람에 묶인 배를 등지고
노크 없이 들어선 대부도

가을의 끝
비바람과 안개 자욱한 섬으로
계획 없이 떠나본다

목적 없는 여행이니
비어 있어도
내내 참 좋다

굴업도의 가을

김덕형

밤하늘의 별, 바닷바람
오랜 시간 침식된 바위
들판에 노는 사슴

기대했지만 쉽사리 허락 않네
가을장마가 먼저 예약한 걸까?
부디 담에는 우릴 먼저 받아주오

가을이 오네

최순탁

눈을 감으면,
싱그런 바람 가득
그대의 맑은 숨결이 오네

길을 걸으면,
즐기던 옛노래는
아직도 내 마음을 설레게 하네

하늘을 보면,
고운 미소 가득히
저 하늘에 사랑이 오네

가을 중간자락

이왕주

중간자락의 가을에서 불어오는
산들바람은 내 옷자락에 금세 파고드네

엊그제 시작한 듯한 가을 기운은
어느새 고운 단풍잎으로 온 산을 물들이네

산두렁 논두렁길 따라 해거름지기 시작할 때면
울긋불긋 물이 든 가을산도 달빛에 젖어드네

어느 가을날

허재원

지나온 날들과 다가올 날들
열정과 순응
직시(直視)와 관조(觀照)

사이에 서 있는
나를 본다

가을의 풍요로움　　　　　　김정원

특별한 가을입니다
아름다운 사람이 왔습니다
내 마음은 이렇게 풍요롭습니다

할머니가 보내주신 단감으로
사랑이 가득한 풍요입니다

우리에게 다가온 태린이는
참 소중한 사랑
모두에게 힘주는 풍요입니다

가을비

윤석언

흐르는 계절 따라
가을비도 흐른다
차창에 흐르는 방울 따라
내 날들도 흐른다
돌아서 뛰어 보면
재회할 듯 가까운 기억들이
흐릿한 안개 속에 슬픈 미소만 보내네
날들은 살처럼 귓가를 스치지만
내 너를 고이 접어 큰 학으로 날리우리라

가을비

최기식

종일 내리던 비는
흩어진 구름을 부르고
무거운 가슴을 적신다

그리움이 방울지고
눈물되어 흐르면
바다도 젖고
나도 젖는다

가을이 간다

오정욱

황금빛을 지우고 가을이 간다
연기가 자욱한 지붕 위에 눈발이 흩날리고
노을 속 친구들이 하나둘 집으로 돌아갈 때
내가 그 중 하나였을 때
영원하리라 품었던 추억을 지우며
가을은 그렇게 간다

가을의 끝자락

이제호

새하얀 한 해
시작과 끝을 알리는 마지막 겨울 신호
새빨간 붉은 잎들이 떨어진다

새벽녘 안갯속
끝이 보이지 않는 바닷가
그 길을 걷고 싶지만
겨울이 오기 전 매서운 가을바람은 외면해도 좋다

돌아올 가을 찬바람에
오늘이 행복하기를 바랄 뿐

낙엽

강현욱

쌀쌀한 가을바람 불어오니
그대는 제자리로 돌아가려 하는구나
땅속 깊이 스며들어
이듬해 다시 태어날 날 기다리니
아, 그대는 영원 속에 회귀하는 존재구나

낙엽

신승훈

두릉산 중턱에 새순이 돋았습니다
오랜 기다림 끝에 마주한 아기와 같은

시간이 지나 녹음이 우거져 초록빛 물결을 일으킵니다
패기 있고 힘이 넘치는 청년과 같은

시간이 지나 울긋불긋 화려한 빛을 발합니다
인생의 절정에 이른 장년과 같은

세월이 지나 낙엽이 되어 힘없이 아래로 떨어집니다
이제는 더 이상 반겨줄 사람 없는 노인처럼

그러나 다시 피어날 새순을 위해
한 줌의 흙으로 마지막 힘을 내어줍니다

낙엽

정순철

수북이 쌓인 낙엽
그 사이로 어렴풋이 보이는 사잇길
나보다 먼저 많은 사람들이
그 길을 따라 위로 때로는 아래로 바삐 걸어간다
내가 걸어가는 이 길은 어디로 향해 가는 길일까

낙엽

최기식

산길을 걷는다
마른 나뭇잎이 바람에 몸 비비며
지상의 짧은 순간을 뒤로 하고
바닥으로 나뒹굴고 있다
발 아래 낙엽은
누군가의 그리움일까
누군가의 추억일까
그렇게 작게 작게 바스러지고
누군가의 무겁기만 한 삶이
땅속에 스미운다

불혹(不惑)의 가을

최병은

바스락 바스락 낙엽 밟으면
그 아픈 소리에
가슴 저렸던 지학(志學)의 가을

처량히 우는 귀뚜라미 소리는
내 마음 같아
외로웠던 약관(弱冠)의 가을

이제는 보내야 한다고
추적추적 싸늘한 빗줄기에
쓸쓸했던 이립(而立)의 가을

돌아보니 그곳에 내가 서 있고
쾌락이 고통임을
알게 되는 불혹(不惑)의 가을

이제는 더 이상
가슴 저리지도 외롭지도
쓸쓸하지 않은 계절

가을의 불혹

가을산

김정원

멀리서 너를 지켜보았지
차갑게 나를 맞이해주었네

벌거벗은 너의 자태 가을산
너의 처량함 누가 보듬어주리

등산

김명년

아래에서 올려다본 그의 모습은
태산이 높다 하되 하늘 아래 뫼인 줄 알았거늘
오르고 또 오르니 산 중턱엔 어머니 얼굴이 드리운다

그리고 그리던 정상에 올라
이 뜨거운 열정과 성취감을 느끼니
욕심에 눈이 멀어 허망함이 가슴을 때린다

아, 어쩌란 말이냐 흩어진 이 마음을
높은 하늘과 뜨거운 햇살에
저 푸른 바다는 가슴에 묻힌다

가을 산행

윤석언

이름 모를 어느 산자락에
이름 없는 꽃자리에 앉은
처음 만나는 산새와
앞에 가는 오랜 동료와
뒤에 오는 고마운 동지와
가을바람이 식혀주는 땀 냄새까지
무념의 산행에 스치듯 느끼는 낯섦이라

낮은 정상의 상쾌함은
어디에 갔는지 보이지도 않는데
허무함과 낙엽 아래 보이지 않는
작은 생명들이 새로운 봄날을 기다릴 때
산자락에 우는 여자 하나도
아래에서 보는 하늘 아래 저 봉우리와
기쁜 작별을 보내고 있다

산행 느낌

오충환

11월 겨울의 문턱에서 가는 산
그 산에 오르면 많이 춥겠지요
그러나 예상은 빗나갔습니다
땀이 이마에서 얼굴로 흘러내립니다
정상에서 잠깐의 휴식
정말 상쾌하고 기분이 좋습니다
고맙습니다, 국사봉

국사봉

김민호

힘들게 국사봉에 한 걸음 한 걸음 다가갈 때마다
가슴 한구석에 쌓였던 근심 걱정이 훨훨 날아가는구나
국사봉 정상에서 느끼는 마음의 평온함은 나를 진정시켜
보고 싶었던 옛 여인의 형상으로 나타나
즐거웠던 추억으로 나를 인도한다

국사봉

이지연

시원한 바람 맞으며
힘찬 걸음 내딛고 올라선 봉우리
나태했던 자신과의 싸움을 시작한다
한 걸음 한 걸음 힘든 산행
현재를 내려다보며
꿈꾸는 미래로 고개 든다
그 길에 내가 간다

위험! 기대지 마세요 모성완

간만에 올라본 동산 네 개
높지도 낮지도 않으면서 힘들기만 하다

마지막 도착한 국사봉
뇌리에 남는 건
"위험, 기대지 마세요"

위험하지 않은 기댈 곳은?

두릉산 정복기

오정욱

워크샵 둘째 날에는
전 직원 등산 오른다

화창한 가을 산의 공기
마시며 산을 오른다

스르륵 가을 산의 공기
내 심장 속을 파고든다

전 직원 낙오 없었던
두릉산 정상 정복

마니산

윤영숙

그리운 님 보고픈 마음
성산에 올라 차가운 소금바람에
짠맛나게 날려볼까

그리운 님 그리운 마음
성산에 무리진 갈대처럼
바람 따라 초연하게 삼켜볼까

성산에 가면
소금바람 갈대 따라
수평선 너머 그대에게
아름드리 아름다운 그대에게
그리운 마음 안개처럼
뽀얀 안개처럼
그대의 가슴까지 흘러가리라

제2부

·

아련한 사랑에 흔들려 여름은 시작된다

하늘

김정원

하늘 아래 우리 가족
하늘의 축복을 받아 너를 만나고
우리의 사랑으로 아들과 딸을 낳았네

하늘의 품에서 피어나는 꽃들
우리의 사랑으로 향기 풍기며
하늘 아래 기쁨 누리네

우리 가족 손을 잡고 한 걸음씩
함께 걷는 우리의 이야기
하늘의 선물로 행복한 삶을 키워가네

하늘

신승훈

길을 걷다 문득 고개를 들어보니
끝 모를 푸름이 눈앞에 펼쳐진다

구름 한 점 없는 맑은 하늘을
왜 이제서야 알아차린 걸까

편안하게 감싸주려 하는데
왜 지금껏 지나치고 있던 걸까

고민할 겨를도 생각할 여유도 없이
다시금 떠밀려 고개를 내린다

한참을 그렇게 잊고 지내다 보니
붉게 물든 하늘이 한눈에 들어온다

어쩌면 가장 따뜻한 노을만큼은
고개 들지 않은 나를 다독여준다

마치 조금의 수고라도 덜어주려는 듯

하늘

양정수

매일 같은 시간
다른 일상
작은 창에 보이는 하늘을 보며
하루를 달린다

차 한잔의 쉼표,
그 틈에 보이는 보고픈 마음일랑
일상에 지친 가슴에 담아둘 수 없기에
하늘에 담아 두고 꺼내어볼 수밖에

하늘

정유현

하늘은
사랑과 같아서
어제는 밝은 구름
오늘은 먹구름
다 품고 사네

하늘은
인생과 같아서
어제는 천둥 번개
오늘은 뭉게구름
다 껴안고 사네

하늘

황지성

무심코 올려다본 하늘
티 없이 맑고 푸르구나
갑갑한 기분이 들다가도
맑고 푸른 하늘을 보니
내 마음도 맑아지네

해 지고 밤이 오면
칠흑 같은 어둠 속
작은 빛 하나
별을 품고 있는 하늘
내 마음 한켠에 담아두자

맑은 하늘

김정연

언제나 저 멀리
늘 같은 자리
끝없이 펼쳐져 있는 하늘

구름 한 점 없는 맑은 하늘은
편안함으로 내게 다가와
세상 모든 것을 잊게 만든다

빠르게 흘러가는 세상
푸르고 끝없는 하늘의 영원함을 바라보며
불안한 마음이 하늘의 품에 녹아들기를

너의 하늘 　　　　　　　　　　　　　　　　　박병준

너와 함께한 하늘은 언제나 눈이 부셨다
비릿한 풀내음과 아이들의 웃음소리와
숨이 막히게 뜨거운 파란색이 너와 함께 했었다
잿빛 매연으로 사방이 막혀버린 회색의 숲에서
너와 함께 본 하늘은 그저 아름다웠다

사실은
알고 있었다
태양에 눈이 멀어 개구리는 자기가 익어가는 줄 몰랐었다
모르는 척하였다
그저 너도 평범한 사람이었던 걸

너를 보냈지만
미련이란 가시를 품에 안고 보내주지 않았다
매번 시간이 고통을 무뎌지게 하는 게 고통스러웠다

계절이 떠나고 다시 돌아와
홀로 보는 하늘은 여전히 눈이 부셨다

풀내음의 기억과 너의 미소는 없지만
흉터는 남아도 상처는 아물었고
이제야 너를 추억할 수 있게 되었다

제제는 파랑새를 보내주었다

청명한 하늘

신승훈

오랜만에 바라본 하늘은 너무나도 선명하다
모처럼 맑은 하늘이 더욱 어색하게 느껴진다
당연하게 여겼던 것들이 이제는 더욱 특별하다
익숙함 속 소중함을 잊고 살아온 지난 날이기에

푸른 하늘의 그리움 유승범

푸른 하늘 구름처럼
항상 함께일 거라 생각했지만
구름은 각자의 길로 나아간다
이내 그리움이 가득 차
맑은 날들이 흐릿해지면
작은 바람이 속삭이며 달래준다
한 줄기 한 줄기 내리는 그리움은
마음속에 흘러와 추억으로 변해 간다

여름의 하늘과 사랑의 시 　　정상명

하얗게 빛나는 파도가 살짝 속삭이는 듯이
아련한 사랑에 흔들려 여름은 시작된다

완만한 해안선은 너와 나를 이끌어
달리기 시작한 우리들이 가속하는 여름에 마음을 전한다

갓 세탁한 셔츠를 바람에 나부끼게 하고
이어지는 앞날에 멀리 물신기루에 빛나

확실한 이 마음이 전해질 수 있도록
너는 내 옆에서 다정하게 웃어

평온해진 바다도 주홍빛으로 물든 하늘도
온화하게 두 사람을 감싸고

변하지 않는 사랑 그대로
여름 하늘 우리의 노래를 연주하자

네가 바라보는 하늘   최기식

네가 보는 하늘은
한없이 맑고 푸르기만 하여라
가끔은 어둡고 무거운
먹구름이 낀 하늘일지라도
먹구름이 갈라지고 태양이 널 비추면
한결 가벼워진 너의 모습
네가 시작한 일은 끝을 향해 달려갈 거야
마치 영원한 햇살 가득한 하늘낙원처럼

Cloud 서버

　　　　　　　　　　　　　　　　　　　　　김정원

이 구름에는 와이프와 나만의
추억이 들어 있다
이십대 초반 풋풋한 모습부터
우리의 결혼 전까지 차곡차곡

이 구름에는 우리 아들 성장일기
100일, 200일, 돌… 5살…
이렇게 컸구나, 우리 아들
사랑하는 우리 아들

이제 시작한 이 구름에는
사랑하는 우리 딸 크는 모습
사랑스런 공주님 같네

사랑하는 우리 가족
구름 속에 가득하네

하늘 구름

이제호

같이 걷는다
함께 가는 것도 아닌데
닿을 수 없는 높은 그곳
조용히 운행한다

혼자 걷는다
모든 순간을 아는 것처럼
어제의 나를 위로하며
가는 길을 씻겨준다

깨끗해진 하늘길
가슴 한가득 희망 품고
다시 또 너와 함께
더 높이 저 하늘로

구름

김민지

바람과 함께 풍성하게 떠다니며 춤춘다

하얀 물결들이 유연하게 움직인다

흩날리는 구름 물결에 나도 그만 두둥실

구름

이제호

새파란 도화지 같은 하늘 위에
흘러가는 구름이 세월이 흘러감을
말하고 있는 것 같다
석양에 비치는 아름다운
하늘의 구름과
비바람을 몰고 오는
하늘의 먹구름이
가끔 나를 위로해 준다
한 곳에 머무를 수 없는 구름이
바람에 흘러 나의 시간과 함께
흘러간다

구름처럼

이왕주

정처 없이 온 세상을
떠도는 나그네와 같은 삶

바람에 밀려 정처 없이
떠돌다 맑은 햇살에 흰 뭉게구름 되어
눈이 부시다가도

어느 날 비바람에 먹구름이 되어
조각조각 몸이 부서져 없어지는
그저 그런 삶일지라도
구름처럼 순리대로 흘러가고 싶다

먹구름

최기식

어둡고 컴컴한 하늘
먹구름이 하나둘 모여들기 시작한다
구름은 방울방울 빗방울 되어
강하고 무겁게 쏟아붓는다

나는 그 자리에서
구름이 사라지길 기다린다
이 비가 내 가슴을 채운
울음을 터트려 주었다

꿈

최순탁

하늘 높이 떠 있는 구름
구름에 가려진 너의 미래
새들의 자유로운 날갯짓
새들이 날아갈 미래를 꿈꾸며
하늘을 향해 손을 뻗으면
새처럼 자유롭게 비상하는 너의 꿈
미래는 끝없이 빛나는 별처럼
저 멀리서 너를 기다리고 있어

그리움이 별 되어 　　　　김대근

행복하다 하니
햇살이 내리쬔다

우울하다 하니
구름이 자욱하다

슬프다 하니
비가 내려온다

그리움이 가득하니
별들이 반짝인다

또다시 불어오는 바람   정예은

내 몸을 싣고
내 바람도 실어 본다
이 차가운 바람이 불고 불어

내 안에 슬픔과 상처도
씻어 주고 불어 주길

바람의 노래 김정원

매서운 바람이 부는 계절이 돌아오면

내 마음 속 바람이 일렁인다

네가 아프지 않았으면 좋겠다

네가 힘들지 않았으면 좋겠다

네가 속타지 않았으면 좋겠다

매서운 이 바람에 걱정을 날렸으면 좋겠다

이 바람이 지나가고 나면

따뜻한 봄바람에 따뜻한 바람을 들려주리

바람

김덕형

바람이 세면 태풍
바람이 크면 허풍
꿈을 담은 바람
바람에 바람을 넣어 보자

바람

신승훈

너의 맑은 눈빛이
언제나 나만을 바라보길
너의 따스한 목소리가
언제나 내 귀에 속삭이길
너의 포근한 입맞춤이
언제나 나에게 머무르길
감히 바라지 못한 모든 것들에
언제나 너와 내가 함께 하길
오늘도 조심스레 바라본다

바람

정윤호

바람에 흔들리는 저 꽃잎처럼
가벼운 바람에도 흔들리는 마음
어떨 때는 지나치게 기울고
그 모습에 스스로가 낯설고 어색해질 때
이리도 흔들리는 마음은 더 큰 바람을 견디고
잠깐의 변덕인가
그 흔들림을 금방 잊고 고요하다

상념

위인선

동쪽에서 불어오는 바람
무슨 바람일까
얼음장처럼 차가운 바람
추위를 피해 곰곰이 생각해 본다

마음 한켠에 불어오는 바람
무슨 바람일까
열정이 가득한 따스한 바람
나는 왜 이 바람을 잊고 있었나
나는 무얼 걱정하고 살았나
깊은 상념에 잠겨본다
차가운 바람에 잡념이 얼어 죽었다

가을바람

이제호

겨울이 온다고
일러 주러 사나운 비바람이 분다
동방에서 불어오는 세찬 가을바람에
내 깊은 마음속 응어리가 바람에 날아간다
텅 빈 내 마음속에 하나, 둘
내 작은 바람들로 다시 채워 넣는다
그렇게 가을바람은 차갑게 불어온다

겨울바람

김정연

갈수록 짧아지는 가을이 가고
갈수록 추워지는 겨울이 올 때쯤
바람 한 점에 이내 가을이구나
바람 한 점에 그래 겨울이구나

지난 겨울에 입었던 코트를 다시 한번
지난 달 카드 명세서를 보고 다시 한번
지갑이 허전하니 더욱 차가운 겨울바람
통장에 공이 부족하여 더욱 차가운 겨울바람

겨울바람

최순탁

처음으로 맞아보는
러시아 가을바람
늦가을 찬 바람이
블라디보스토크의 겨울을 재촉한다
바람을 견뎌야 봄이 오듯
매서운 겨울바람도
우리는 견딜 줄 안다

블라디보스토크

문윤기

애초 반도에 살던 선인들
바람 따라서 흘러들어와
동토 차디찬 바다 일궜다
가난 지독한 기억 버리고
망국 서러운 울음 삼키고
고향 떠나와 이곳 지키고
바람 하나는 여기 남아서
삶과 기억을 길이 남기리

차가운 블라디보스토크 바람   이왕주

대륙의 어둡고 차가운 도시
블라디보스토크
옛스럽고 부식된 건물들 사이로
불어오는 바람과
멈출 줄 모르는 비
더욱 차가운 도시는 연출되고

넓은 광장과 거리의 웅성거림 속에
아직 사회주의와 전쟁의 잔해가 남아있는
차갑고 무표정한 로스케의 얼굴에는
초겨울 바람 속에서도
블라디보스토크의 운치는 여전히 기운차다

시대가 영웅을 만든다고 　　　정순철

예전에는 한국 사람들이
대륙적으로 살았다 한다
블라디보스토크에 와보니 그러하다
누구는 독립운동을 하러 왔다 하고
누구는 돈을 벌러 왔다 하고
누구는 사회주의 운동을 하러 왔다 하고
남자로 태어나 북풍한설 헤치며
대륙을 호령하는 것도 멋지긴 하겠다만
나는 못하겠다
그 추운 곳에서 어찌들 살았는지
놀러나 다녀와야지
나는 그냥 존경이나 하면서
소시민적으로다가 살련다

동토의 바람

최기식

머나먼 타국
한 알의 씨앗이 되어
잃어버린 나라를 찾아
불꽃 같은 생명을 바친
그대들이여

차디찬 바람(風)에도
굴하지 아니하며
후대에게 따스한 햇살을
선사하기 위해
강철같은 마음을 바친
그대들이여

불같은 짧은 생을 대신하여
그 날의 바람을
대대손손 새기며
살아남은 조국은
그대를 기억한다

나그네

황보창환

나의 마음
그의 마음
네 마음

마음 찾아
떠나는
길 위의 사람

제3부

•

하늘은 우리를 매일 바라보고 있다

나

김정연

곧고 평탄한 길과 언덕을 걸으며
끝없는 가능성을 찾아보네

무심히 사진에 찍힌 내 모습
참 낯설게 느껴져

내가 날 똑바로 본다는 것은
정말 어려운 일

사람들은 나를 어떻게 바라보고 있을까
좋은 사람이 되고 싶은 맘 가득

난 그럴 수 없는 사람이라는 걸
깨닫고 또 깨닫고 한숨을 쉬지만

나 그래도 용기를 내 자신감 가지고
세상에 나를 보여줄 거야

흉터   남현순

얼마 전 증명사진을 찍어보니
내가 인지하지 못한
세월이 사진에 얹혀 있다
세월에 늙은 피부보다
열정 잃어 늙은 영혼을
부끄러워하는 사람이 되길
오랜 삶의 지침으로 살아왔는데

막상 세월이 깃든 모습을 보니
마치 지난 어리석은 마음과 행동이
다 흉터로 남은 것 같아 괜스레 부끄럽다

뽀샵으로 내가 만족하는 모습으로
사진을 바꾸어 나가듯
좀 더 나은 내가 되기 위해 한 걸음 나아갈 수 있게
내 영혼의 뽀샵질을 포기하지 않길 바라본다

과거의 어리석은 나도
지금의 부끄러운 나도

내가 동경하는 모습이 되어가는
그 길에 있는 나이기에

그 모든 흉터와 자욱들을
내 안에서 잘 어우러
내 다음 걸음의 쓰임새가 되길

그렇게 나를 만들어 간다

자화상

신승훈

우연히 보게 된
어릴 적 사진 속에서
환히 웃고 있는 내 아이의 얼굴이 떠오른다

나와 닮았다는 이야기를 들었을 때
아버지도 나와 같이 기쁘셨겠지

그 조그맣던 아이가 아버지가 되어
어릴 적 본 아버지의 모습에 나를 비춰본다

평범해 보였던 그리고 당연하게 여겼던
아버지의 삶이 뒤늦게 이해된다

시간이 흐르고 나와 닮은 내 아이도
한 아이의 아버지가 되겠지

그때도 변함없이 지금의 미소를 잊지 않길

자화상

위인선

늘 보던 거울이 낯설어 보입니다
거울 속에 보이는 모습을 바라봅니다

성숙해진 모습이 낯설어 보입니다
내 어릴 적 모습이 떠오릅니다

재밌어하는 아이의 얼굴이 보입니다
당당한 학생의 얼굴이 보입니다

거울 속에 보이는 이는 또 다른 이입니다
세월이 지나면서 또 다른 이가 보입니다

후회, 그리움, 기쁨이 가득합니다
복잡한 마음 추스르며 미래의 나를 찾아봅니다

자화상

이왕주

긴 어둠의 터널 속으로
빨려 들어가듯 정처 없이
세월은 흘러간다

그동안 미처 발견하지 못했던
나의 모습과 새로운 탄생의 기쁨은
서로 동조하듯 마주 본다

거울에 비친 내 모습에 어느새
내 아이의 얼굴이 비친다

기쁘면서도 울적한
나의 자화상아
사랑해

자화상

이제호

꽃이 활짝 피어
나 가는 길을 맞이합니다
얼마 만에 이렇게 걷는지
미소와 함께 발걸음이 가볍습니다

내 마음속 자리 잡은
삶의 핑곗거리에는
해야 했지만 하지 않았고
할 수 있지만 외면했던

작은 일들을
오늘 이 걸음이 끝나기 전에
내일도 웃을 날을 그려봅니다

자화상

최기식

가슴이 먹먹하여
어떤 것도 할 수 없는 두려움에
바람 한 점
빛 한 점 없는
그런 곳에 있었다

호수에 잔잔한 물결이 일 듯이
춥디추운 겨울에서
따스한 봄내음이 느껴지는 바람같이
천천히 빛으로 물들어지고 있다

나의 소중한 이들이
편히 지낼 수 있기를

삶

허두리

파란 하늘 아래 울어본 적이 있는가
절망의 벌판에서 괴로워하는 순간에도
찬란하게 빛을 뿜는 머리 위의 호수

"먹구름을 몰아 천둥 번개를 뿌려다오" 부르짖어도
절규의 말은 한없이 무거워 땅으로 고꾸라진다
원망 담은 눈동자로 고개를 들어 하늘을 보니
태평한 구름은 고요히 흐른다
목적지가 없어도,
방향을 몰라도 흐르고 또 흐른다

동행

김정연

같은 길
다른 생각

같은 걸음
다른 호흡

닮긴 해도
같을 수는 없는 법

이 길이면 충분하다
우리 같이 걷는 길

나와 너 사이

김정원

나와 너 사이에 따뜻한 온기가 남아 있고
너의 온기에 안정감을 느끼네

나와 너 사이에 아이들이 안겨 있고
나만이 느끼던 너의 온기는
아이들에게 전해주네

온전히 나만이 느끼던 온기가 그립지만
너의 온기가 아이들을 따스히 감싸주네

時   정윤호

계절의 끝자락에서
꽃이 피었다
알 수 없던 그 무렵이
있었다는 것이다

間

정상명

간절했던 너와 나 사이
사이좋게 지냈던 사이
하지만 간편하게 대했던 사이
이루어질 수 없는 사랑은
어느 사이에 잘못됐을까
간드러진 너의 목소리는
더 이상 들을 수 없지만
삶과 죽음의 경계에 서 있던 나는
무엇을 위해 존재할까
사이사이에 있는 감정들
어떻게든 지켜내고 싶구나

시간

신승훈

따뜻한 봄기운은
금세 무더워지고

뜨거운 여름볕 속
사라지는 그늘들

자꾸만 짧아지는
가을의 선선함

새하얀 겨울의
끝나버린 눈송이

변함없이 흘러가는
시간의 그리움

순간마다 변해 가는
내 모습이 낯설다

찰나의 순간

최병은

울타리 하나 넘었을 뿐인데
도심의 소음은 멀어지고 숲속의 낙엽 소리 가득하다

씩씩대며 마지막 계단 올라섰을 뿐인데
이제 위 아닌 아래를 내려다본다

의식하지 못한 채로 바뀌었지만
마치 내가 의도한 양 슬그머니 넘어간다

이제 그런 것쯤은 알 만한 나이 같은데
또 눈치채지 못하고 흘려버렸다

어제와 오늘, 오늘과 내일 사이의
그 연속된 찰나의 순간이 내 인생이란 걸

그 사이

황보창환

틈과
사이와
찰나는
숨통이고
호흡이다

멀어지면
서운하고
가까우면
답답하다

눈 깜빡할
사이
다 지나간다

여유와 세상 사이

황지성

바쁜 세상
여유시간 사이에
커피 한 잔
울창한 숲속 나무틈 사이로 보이는
찬란한 호수
창문 틈 사이
아름다운 달빛 한 줌
공원 벤치에서 만끽하는 여유시간 속
손 틈 사이로 비치는 햇살
복잡한 세상 여유롭게 살자

우리 가족이란 이정표   김정원

미래를 알 수 없는 길에서
우리 가족이란 이정표를 보며
행복의 길로 찾아가네

때로는 헤매고 고달픈 길에서
우리 가족이란 이정표를 보며
희망의 길로 나아가네

아무리 힘들고 고된 길이라도
우리 가족이란 이정표로
어떤 길도 갈 수 있네

행로(行路)

박창진

그 길 위로
오시면 오는 대로
가시면 가는 대로
마음이 물들겠지요

그 맘이 그리울 땐
아픔마저 풀꽃처럼
감사하지요

사랑이 오고
아픔도 가고
그렇게 살다가 가겠지요

차선 변경

신승훈

오늘도 내 앞에는 여러 길이 놓여 있다
가고자 하는 방향은 모두 동일하지만
서로의 속도가 조금씩 다르게 보인다

지금의 길보다 더 빠르게 보인다면
앞의 사람이 조금이라도 멈춰선다면
더 빠른 길을 찾아 나를 움직인다

묵묵히 한 길로 가야 더 빠르다는 걸
뒤늦게 알아차렸지만 이미 늦어버렸다

'초보운전' 스티커가
백미러에 보인다

길

유지원

지금까지 걸어온 길
현재 걸어가는 길
앞으로 걸어갈 길

알 수 없는 다양한 길
무엇이 정답인지 알 수 없지만
사람 냄새 맡으며
즐길 수 있는 길을 가고 싶다

내가 사랑하는 이들과 함께

오르막길

이왕주

힘겹게 오르던 오르막길
산들바람에 먼 풍경을 바라보며
올라온 만큼 아름다운 풍경

턱까지 숨차게 올라온 만큼
내려갈 땐 즐겁고 가벼운
마음에 콧노래 부르네

힘겹게 걸어온 그 길
아름다운 오르막이다

갈림길

이제호

또 한 번 마주친
갈림길

어떨 때는 가시밭길
어떨 때는 텅 빈 황무지길

어느 길을 선택하든
고되고 험하리라

후회 없이 걷다 보면
길은 비단이 된다

출근길 지하철   정유현

멈춤과 출발이 무한 반복되며
각자의 목적지를 향해 달려가는
무수한 침묵들이 만나
서먹한 삶들이 서로 얽히고설키는 지하철

한 손은 현실을 잡고
다른 손은 디지털 세계를 쥐고
가끔은 혼자인 듯 혼자가 아닌
각자의 세계로 빠져드는 출근길

흔들리는 6시 5분 전의 자세로
눈길은 스마트폰에 고정하고
같은 공간 다른 세상을
터치로 열어가는 출근길

돌아가는 길

정윤호

삶은
눈이 부시게 빛나는 시절을 지나기도
앞이 캄캄한 어둠의 시절을 지나기도

내내 눈이 부시기도
내내 앞이 캄캄하기도

긴 호흡으로 바라보면
좋고 어려움도 순간인 것을
좋은 게 좋은 것이 아니고
나쁜 게 나쁜 것이 아닌 것을

삶은
그 길 따라 돌아 나가는 것

불혹(不惑)

이제호

무지했지만 열정만 넘쳤던 20대
세상의 주인공은 나인 줄만 알았고

인생의 시발점이 되는 30대
가엾지만 성실했고
힘든 역경이 나에게만 온다 투정부렸고

새치가 듬성듬성 40대
정신없이 어느덧 불혹(不惑)이 찾아왔다

반백 세가 지난날에는
행복하고 열정이 넘쳤으며
유혹에 흔들리지 않는 불혹이었다 말하자

세월

정유현

오고 가는
세월 속에
밀려드는
아쉬움

가고 오는
세월 속에
아스라한
그리움

오늘

전종욱

각자의 계획과 목표를 가지고 시작하는 오늘
힘들지만 의미 있는 순간
나의 노력이 들어가 있는 시간

이렇게 흘러가는 오늘
피곤보다 성취감으로
나의 삶은 조금 철들어 갑니다

한 사람

정유현

벽시계 바늘도
졸고
탁탁 탁타닥
힘든 하루를 보낸
키보드
집으로 가는 시간
조용히 윈도우 창을
닫으면
빛 잠든 모니터 화면에
예전보다 더 희망찬
한 사람의 얼굴이 있다

아버지

황지성

어릴 적부터 늦게 퇴근한 우리 아버지
나만 보면 웃어주던 아버지

시간이 흘러 친구들과 술잔을 기울이다
술잔에 비친 내 모습이 아버지 모습

아버지랑 다른 삶을 살자고 다짐한 생각에
세수를 하려고 화장실에 가니
거울에 보이는 내 아버지

누굴 닮았나

김정원

엄지발가락이
똑같이 생겼네
우리 큰아들 길죽길죽 롱다리
누굴 닮았나

귀여운 쌍꺼풀
엄마랑 똑같이 생겼네
우리 막내딸 웃는 모습도 똑같네
누굴 닮았나

육아

유지원

아이들과 놀아주기와 내 휴식 사이
집안 일하기와 내 육신의 편안함 사이

아이들 건강과 내 야식의 욕구 사이
아이들 공부와 내 취미생활 사이

항상 고민하고 갈등하고 후회하지만
이제는 하루하루의 소중함을 느낀다

작은 것에 감사하는 마음으로 살기를 다짐해본다

행복

신승훈

불변의 일상
고요한 날들

어제와 같은 오늘
오늘과 같은 내일

시간은 흘러가고
난 멈춰 있네

큰 행운도 없고
큰 시련도 없는

지금 이 순간이
진정한 행복이다

이름 없는 계절

김정연

계절과 계절 사이
변화하는 너의 이름은 무엇인가

봄과 여름 사이
활기를 되찾는 계절이고,
가을과 겨울 사이는
한 해를 마무리하는 계절이다

계절과 계절 사이
바람은 잠시 머물다
그 사이로 사라진다

열정

김정화

짭짤한 바람을 이고 터벅터벅
가벼운 발걸음을 옮긴다

터벅터벅
터벅터벅 하악

금세 얼굴이 뜨겁게 달아오른다
심장이 멈추었다

누구에게 이리도 열정적으로 사랑했던가
누구에게 이리도 뜨겁게 화를 냈던가
뻘겋게 달아오른 얼굴빛에 단풍이 물든다

너와 나

신승훈

그때
너와 내가 만날 수 있을 거라
생각을 했을까
과거의 내 모습을 후회하다가
그때의 내가 아니었다면
지금의 나도 있을 수 없겠지
수많은 우연이
인연이 되고
필연이 되어 간다

다 가졌네

정자영

하늘도 가지고
배도 가지고
물고기도 가지고
바다도 가지고
나도 가지렴

첫사랑

정유현

분실물센터에 가면
잃어버린 첫사랑을 찾을 수 있을까
그곳에서 내 어쭙잖은 첫사랑을 발견하면
이제 겨우 사랑을 알아서
그 시절 그 날에
사랑한다는 그 말을
끝내 전하지 못했던 그녀와
가슴 아린 추억을
만들지 않으리라

사랑

이효성

빛은 하나인데
밤하늘이 이리 밝으니
언제가 낮이고 언제가 밤일까
세상도 빛은 하나뿐이지만
달이 그 빛을 가져다주듯
많은 이들이 그 빛을 서로 나누면 좋겠다
그것이 사랑이었으면 좋겠다
사랑 하나 그 빛 아래
당신의 손에 남아 있길

초콜릿

서예건

새하얀 화이트 초콜릿
달콤한 밀크 초콜릿
씁쓸한 다크 초콜릿

너무 뜨거워서 녹고
너무 차가워서 굳더라도
한결같은 맛을 유지하는

초콜릿 한 조각처럼
어떤 환경에도 나인 채로 있고 싶다

순수했던 우리
달콤했던 그 시절
이제는 씁쓸함이 드는 순간

초콜릿에게 위로받아보려 한다

나무

위인선

그는 언제나 익숙하게
그곳에 있었다
나는 그가 있음을
당연하게 안다

따스한 봄날에 그는
예쁜 꽃을 피워
한여름 그늘이 되어 주었다

가을이 오고 추워지면
칼바람을 맞으며
추위를 견디며 기댈 곳을 찾을 때
아무도 찾아주는 이가 없다

그가 힘들어하는 모습을
나는 알지 못했다
가까이 있어도
말하지 않았다

눈치 없는 나이지만
그의 곁에 등 기대어본다

나무의 미소

주아람

태양은 하늘 높이 떠오르고
그 뜨거운 품에 우리를 안아

지구는 태양의 속삭임을 받아들이며
광합성의 춤을 추기 시작합니다
나뭇잎은 미소 짓고 노래합니다
탄소를 포옹하며 산소를 품에 안아

지구의 숨결은 나무들의 손길에서
새로운 생명을 낳으며 번성합니다
그러나 우리의 손길이 무거워지며
온난화란 이름으로 땅을 마르게 합니다

지구는 우리의 부담을 견디기 어려워하고
나무들조차 더 이상 미소짓지 않습니다
지구의 희망을 찾아 나선 우리는
광합성의 춤을 다시 춰야 합니다

태양 아래 우리는 약속을 새로이 다짐해서

지구를 지켜야 합니다
광합성의 마음을 되찾아서
지구를 새로운 생명으로 가득 채워야 합니다

태양 아래 우리는 하나, 지구를 위한 사랑으로
환경을 지키며 더 나은 미래를 향해 나아갑시다

이상(理想) 운

최병은

솜사탕같이 달콤할 것 같았어
어린 시절 내 바람처럼

포근하고 따뜻할 것 같았어
힘들 땐 언제나 안길 수 있을 것처럼

자유롭고 평온한 줄 알았어
항상 널 보며 부러워했거든

하지만
난 어른이 되었고, 널 알아버렸어

내가 보던 너는 사라지고
한동안 아팠지만

그래도 좋아
다시 고개를 들면
새로 꿈꿀 수 있거든

지혜

홍서진

어제의 욕심을 버리고
새로운 각오를 하지만
우리는 자주 쓰러진다

그럴 때마다 답답한 마음에
하늘을 바라보지만
그 어떤 해답도
얻을 수 없을 때가 많다

이 세상의 모든 것을 품고 있는
하늘이지만
내가 가지고 있는 많은 것들 때문에
하늘을 볼 수 없다

하지만 하늘은 우리를 매일 바라보고 있다
한 생명의 호흡까지 바라본다

천천히 위를 바라보고
하늘의 지혜를 구할 때

세상이 알 수 없는 지혜가 내게 부어진다

그리움이 멈추면 섬이 된다

지은이 | 황보창환 외
펴낸이 | 박영발
펴낸곳 | W미디어
등록 | 제2005-000030호
1쇄 발행 | 2023년 11월 11일
주소 | 서울 양천구 목동 907 현대월드타워 1905호
전화 | 02-6678-0708
E-mail | wmedia@naver.com

ISBN 979-11-89172-49-7 (03810)

값 10,000원